Made in the USA
Las Vegas, NV
28 December 2021

39710231R00060